Made in the USA
Monee, IL
16 December 2022

22008621R00057